CARTILHA

5 A 7 ANOS

LETRA CURSIVA

Caminhos da ALFABETIZAÇÃO

MATEMÁTICA

17 - 18 - 19 - 20

1ª Edição 2022

Presidente: Paulo Roberto Houch
MTB 0083982/SP
Edição: Priscilla Sipans
Programadora visual: Evelin Cristine Ribeiro
Coordenação pedagógica: Izildinha H. Micheski
Impresso no Brasil.
Foi feito o depósito legal.

1ª Impressão

O58c On Line Editora

Cartilha Caminhos da Alfabetização – Matemática - 5 a 7 anos / On Line Editora. - Barueri : On Line Editora, 2022.
64 p. ; 20,5cm x 27,5cm.

ISBN: 978-65-5547-508-1

1. Alfabetização. 2. Matemática. I. Título.

CDD 372.41
2022-1716 CDU 372.41

Elaborado por Odilio Hilario Moreira Junior - CRB-8/9949

CNPJ 04.207.648/0001-94 Avenida Juruá, 762 – Alphaville Industrial
CEP. 06455-907 – Barueri/SP Vendas: Tel.: (11) 3393-7723 (vendas@editoraonline.com.br)
Visite nossa loja www.revistaonline.com.br

ESTE LIVRO PERTENCE A:

____

____

VAMOS APRENDER OS NUMERAIS?
COMECE PRATICANDO O NUMERAL ZERO.

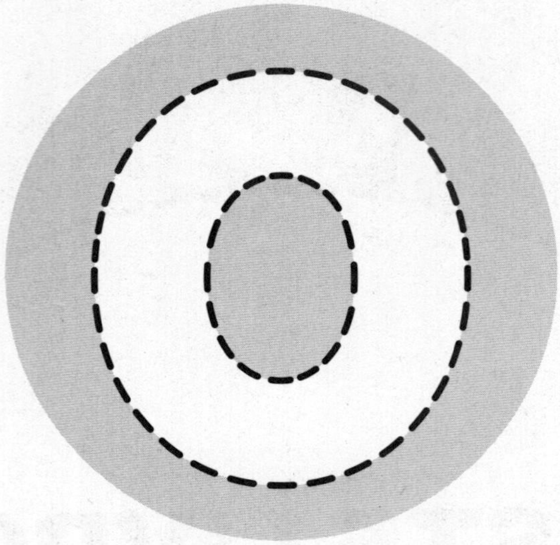

zero - zero - zero

zero - zero - zero

TRACE O NUMERAL 0.

0 - 0 - 0 - 0 - 0

0 - 0 - 0 - 0 - 0

ESTE COELHINHO VEIO ENSINAR A VOCÊ O NUMERAL 1. AGORA, DEIXE A MÃO BEM MOLINHA PARA APRENDER A TRAÇAR SUA REPRESENTAÇÃO ESCRITA.

Um coelho

um - um - um - um

um - um - um - um

TRACE O NUMERAL 1.

1 - 1 - 1 - 1 - 1 - 1

1 - 1 - 1 - 1 - 1 - 1

SÃO **DOIS** MACACOS ESPERANDO VOCÊ CAPRICHAR NOS TRACEJADOS PARA APRENDER O NUMERAL 2.

Dois macacos

dois - dois - dois

dois - dois - dois

2 - 2 - 2 - 2 - 2

2 - 2 - 2 - 2 - 2

SÃO TRÊS PASSARINHOS A CANTAR! É FÁCIL APRENDER A ESCREVER O NUMERAL 3. VAMOS TENTAR?

3

Três pássaros

três - três - três

três - três - três

3 - 3 - 3 - 3 - 3

3 - 3 - 3 - 3 - 3

QUATRO CACHORRINHOS ESPERAM PARA BRINCAR! ENQUANTO ISSO, VAMOS APRENDER O NUMERAL QUE OS REPRESENTA?

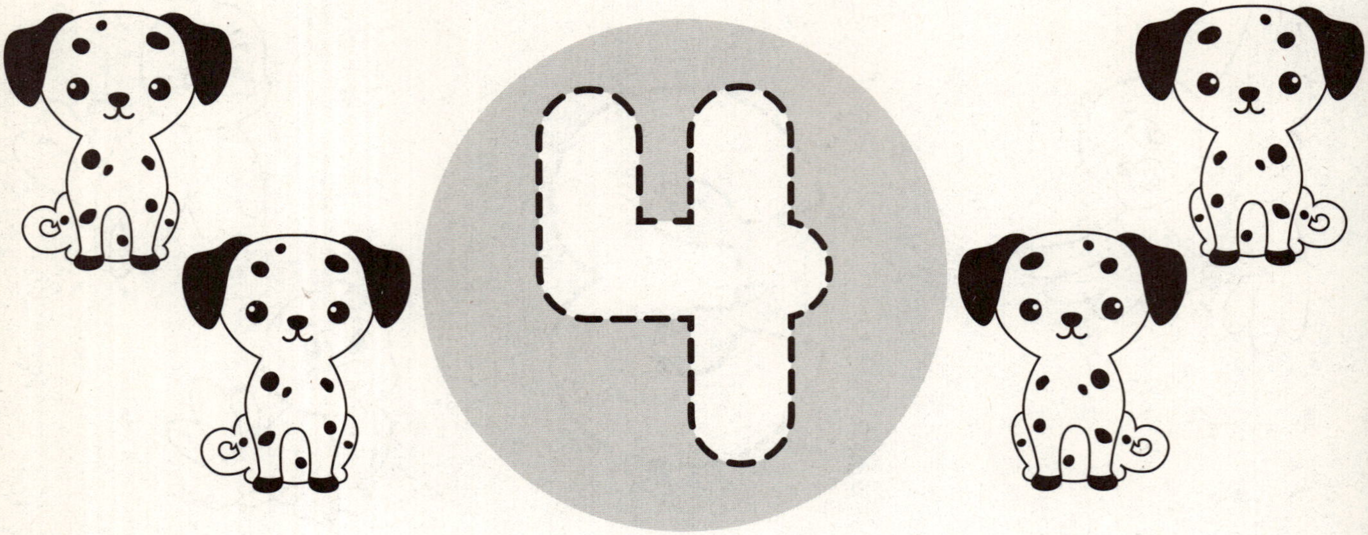

Quatro cachorros

quatro - quatro

quatro - quatro

4 -

4 -

CINCO BORBOLETAS VIERAM ALEGRAR O JARDIM! PRESTE ATENÇÃO E PRATIQUE A ESCRITA DESTE NUMERAL.

5

Cinco borboletas

cinco - cinco

cinco - cinco

5 - 5 - 5 - 5 - 5

5 - 5 - 5 - 5 - 5

SEIS ABELHAS PRODUZIRAM MEL BEM DOCINHO! DEPOIS DE PINTÁ-LAS, APRENDA A ESCREVER O NUMERAL 6!

6

Seis abelhas

seis - seis - seis

seis - seis - seis

6 - 6 - 6 - 6 - 6

6 - 6 - 6 - 6 - 6

SETE JOANINHAS VÃO PASSEAR PELAS PLANTINHAS!
PRESTE ATENÇÃO PARA APRENDER A ESCRITA DESTE NUMERAL.

Sete joaninhas

sete - sete - sete

sete - sete - sete

7 - 7 - 7 - 7 - 7

7 - 7 - 7 - 7 - 7

OITO CARACÓIS SE REUNIRAM PARA UMA FESTA NA FLORESTA! QUE TAL APRENDER O NUMERAL 8?

8

Oito caracóis

oito - oito - oito

oito - oito - oito

8 - 8 - 8 - 8 - 8

8 - 8 - 8 - 8 - 8

NOVE PEIXES BRINCAM NO LAGO!
VAMOS TREINAR O NUMERAL 9?

9

Nove peixes

nove - nove - nove

nove - nove - nove

9 - 9 - 9 - 9 - 9

9 - 9 - 9 - 9 - 9

DEZ SAPOS PULAM NA LAGOA. USE A COR VERDE PARA PINTÁ-LOS E DEPOIS PRATIQUE O NUMERAL **10**.

10

Dez sapos

dez - dez - dez

dez - dez - dez

10 - 10 - 10 - 10

10 - 10 - 10 - 10

AGORA QUE VOCÊ JÁ APRENDEU OS NUMERAIS DE 0 A 10, VAMOS COMPLETAR A SEQUÊNCIA ABAIXO?

TRACE TODOS OS NÚMEROS 1.

QUANTOS ELEMENTOS POSSUI CADA CONJUNTO? CONTE E REGISTRE AS RESPOSTAS NOS ESPAÇOS INDICADOS.

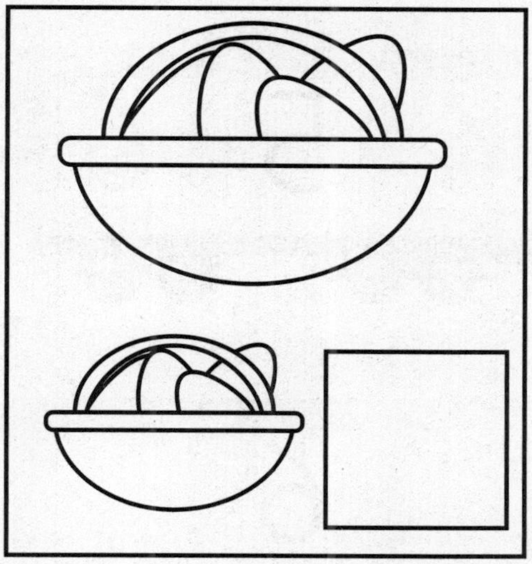

QUAL NÚMERO VEM ANTES? E QUAL VEM DEPOIS? SIGA O EXEMPLO E COMPLETE AS SEQUÊNCIAS ABAIXO.

QUANTAS VEZES CADA UMA DAS FIGURAS SE REPETE NESTA PÁGINA? CONTE E ESCREVA AS RESPOSTAS NOS ESPAÇOS INDICADOS.

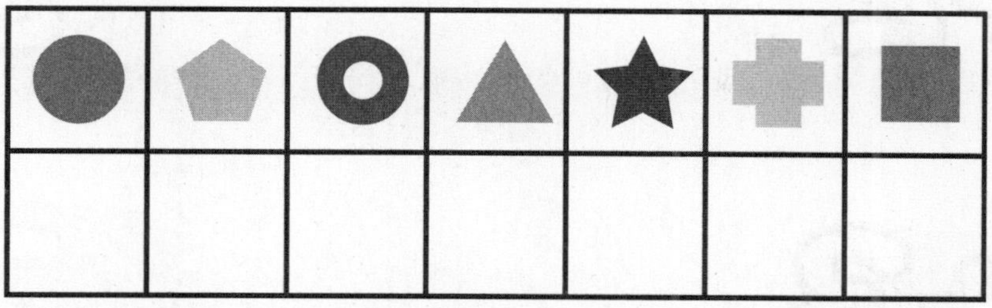

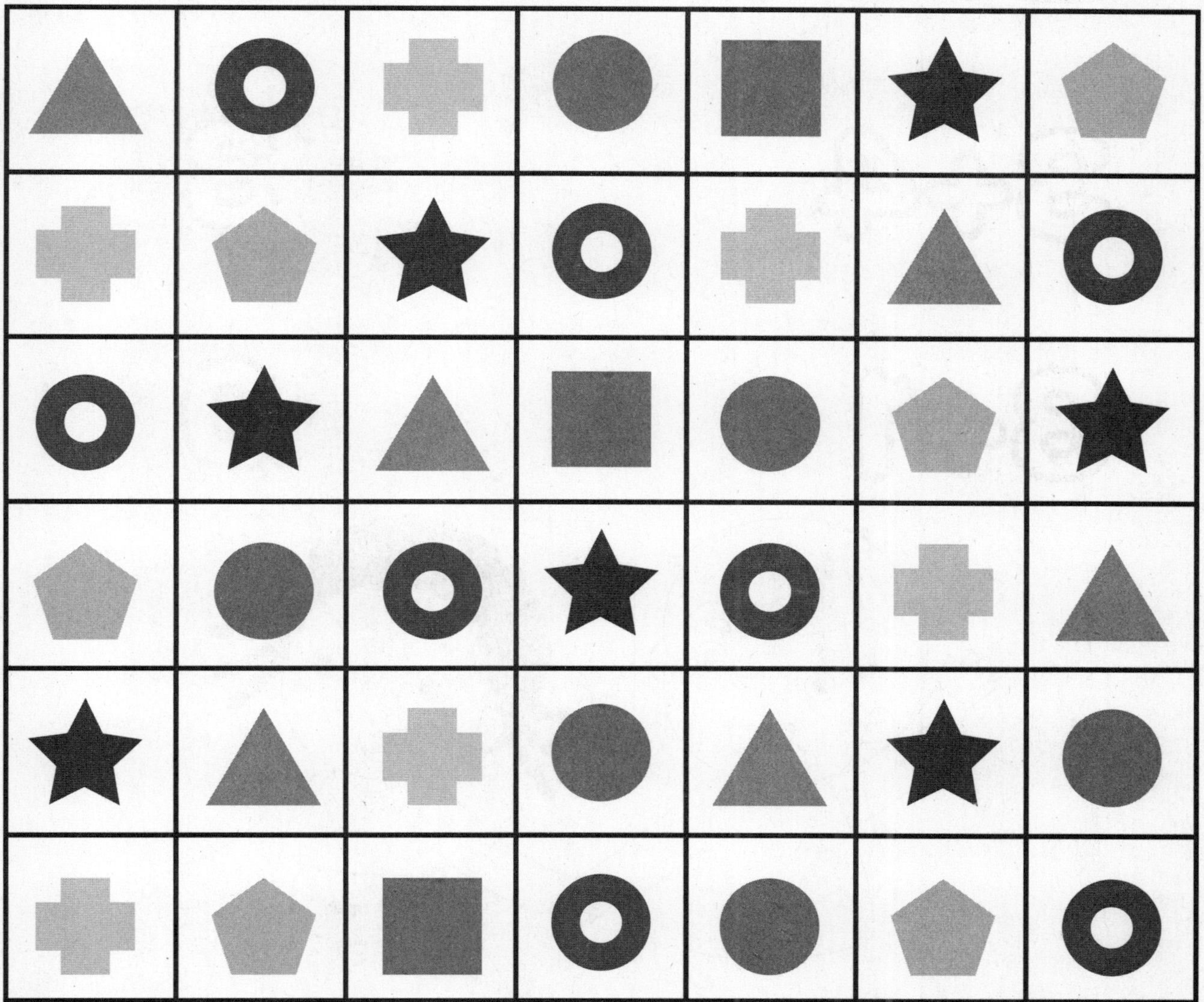

LIGUE AS CONTINHAS AOS RESULTADOS CORRESPONDENTES.

1+2	5
2+3	7
3+4	3
8+1	9

QUANTOS PLANETAS HÁ EM CADA CONJUNTO? REGISTRE AS RESPOSTAS NOS ESPAÇOS INDICADOS.

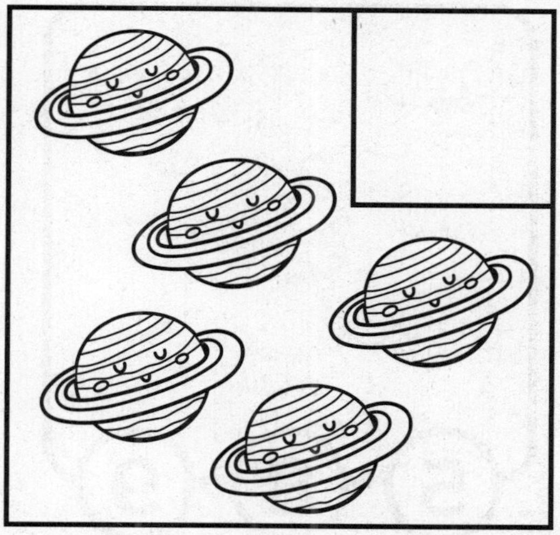

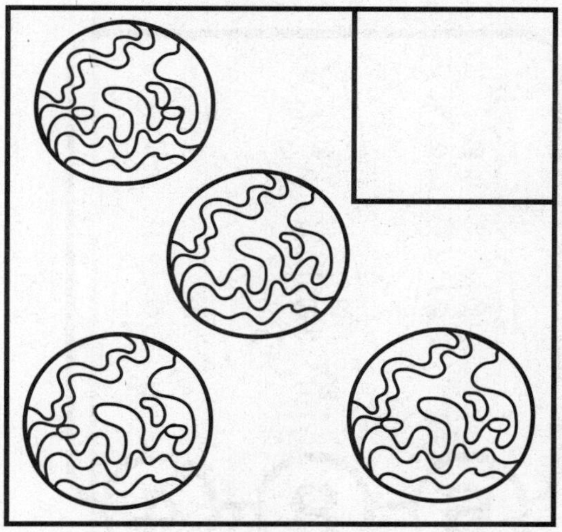

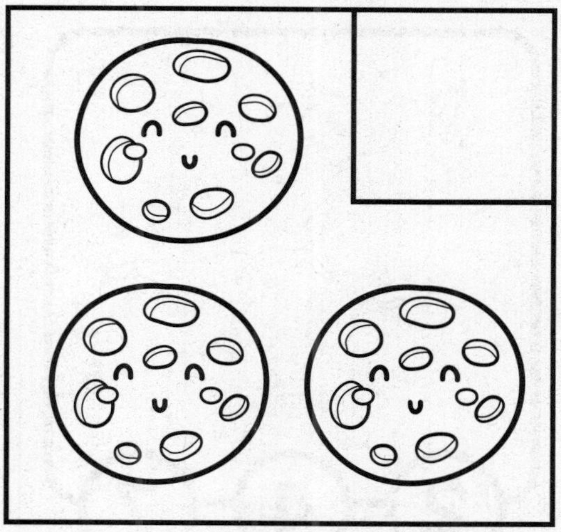

OBSERVE CADA CONJUNTO E PINTE O NUMERAL QUE O REPRESENTA.

5 8 9

2 5 3

2 4 7

6 8 4

7 8 5

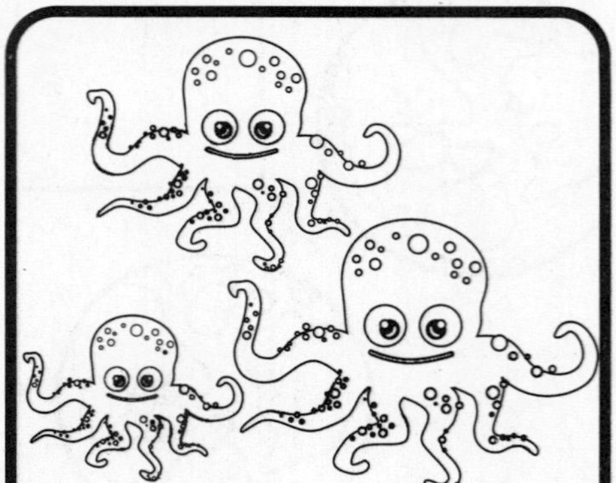

3 4 2

PARA LEVAR A ABELHA ATÉ A FLOR, BASTA SEGUIR A SEQUÊNCIA DE 1 A 10.

		1	5	8	2
		2	9	4	10
7	5	3	4	7	8
10	8	6	5	6	9
8	6	1	2	3	10
4	5	7	10		

LIGUE CADA CONJUNTO AO NUMERAL QUE O REPRESENTA.

2

4

3

1

ANTES QUE O CARANGUEJO CORRA PARA O MAR, COMPLETE O DESENHO, LIGANDO OS PONTOS DE 0 A 10.

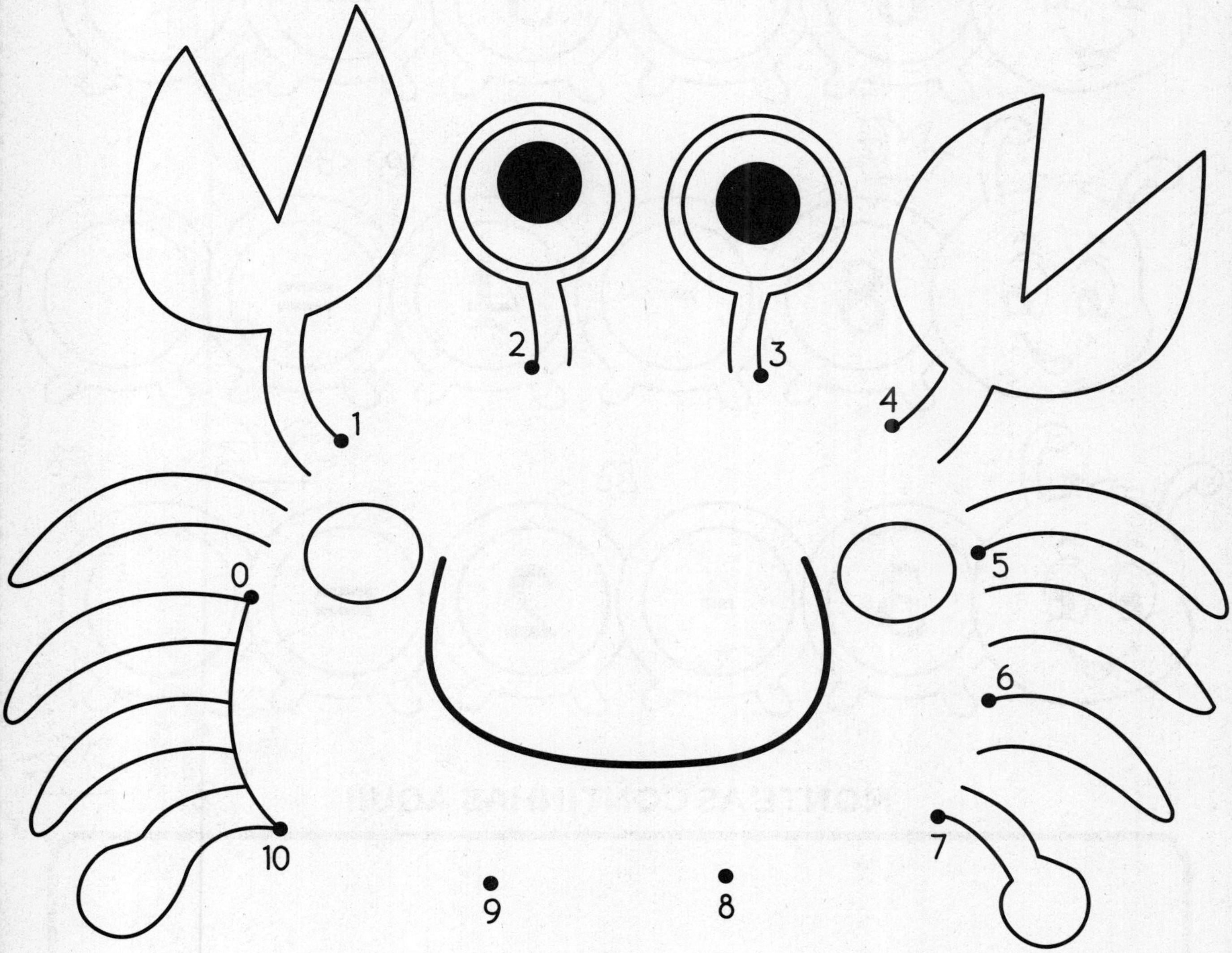

VAMOS RESOLVER AS CONTINHAS DE SUBTRAÇÃO ABAIXO?

MONTE AS CONTINHAS AQUI!

SIGA AS LINHAS TRACEJADAS E CONTE AS FOLHINHAS PARA DESCOBRIR QUANTOS PULOS CADA SAPINHO DEU PARA CHEGAR AO LAGO.

VAMOS ENCONTRAR 10 DIFERENÇAS ENTRE OS CONJUNTOS DE FRUTAS?

COMPLETE AS SEQUÊNCIAS NUMÉRICAS ABAIXO.

SÃO ONZE LARANJAS. É HORA DE APRENDER A ESCREVER O NUMERAL 11.

Onze laranjas

onze - onze - onze

onze - onze - onze

1 1 – 1 1 – 1 1 – 1 1

1 1 – 1 1 – 1 1 – 1 1

1 1 – 1 1 – 1 1 – 1 1

1 1 – 1 1 – 1 1 – 1 1

SÃO DOZE FRAMBOESAS. CAPRICHE NOS TRACEJADOS DO NUMERAL 12!

Doze framboesas

doze - doze - doze

doze - doze - doze

12 - 12 - 12

12 - 12 - 12

12 - 12 - 12

12 - 12 - 12

SÃO TREZE ABACATES. VAMOS PINTAR CADA UM E, DEPOIS, PRATICAR O NUMERAL QUE OS REPRESENTA?

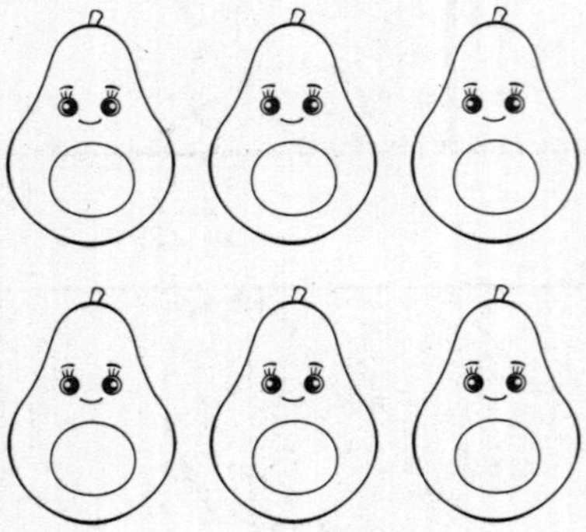

13

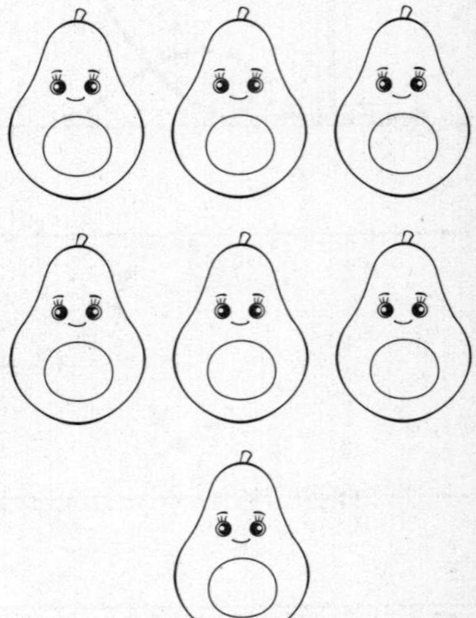

Treze abacates

treze - treze - treze

treze - treze - treze

13 - 13 - 13 - 13

13 - 13 - 13 - 13

13 - 13 - 13 - 13

13 - 13 - 13 - 13

SÃO QUATORZE AMEIXAS. É HORA DE APRENDER O NUMERAL 14! CAPRICHE NOS TRACEJADOS.

Quatorze ameixas

quatorze-quatorze

quatorze-quatorze

14 - 14 - 14

14 - 14 - 14

14 - 14 - 14

14 - 14 - 14

SÃO QUINZE LIMÕES. VAMOS TRAÇAR O NUMERAL 15 DIREITINHO.

Quinze limões

quinze - quinze

quinze - quinze

15 - 15 - 15

15 - 15 - 15

15 - 15 - 15

15 - 15 - 15

SÃO DEZESSEIS ABÓBORAS. DEIXE A MÃO BEM MOLINHA PARA PRATICAR ESTE NUMERAL.

16

Dezesseis abóboras

dezesseis

dezesseis

16 - 16 - 16 - 16

16 - 16 - 16 - 16

16 - 16 - 16 - 16

16 - 16 - 16 - 16

SÃO DEZESSETE BETERRABAS. QUE TAL TREINAR O NUMERAL 17?

17

Dezessete beterrabas

dezessete

dezessete

17 - 17 - 17

17 - 17 - 17

17 - 17 - 17

17 - 17 - 17

SÃO DEZOITO PEPINOS. CAPRICHE NOS TRACEJADOS DO NUMERAL 18!

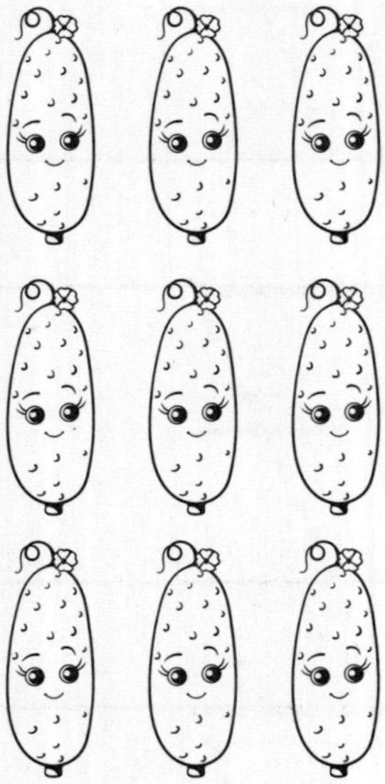

18

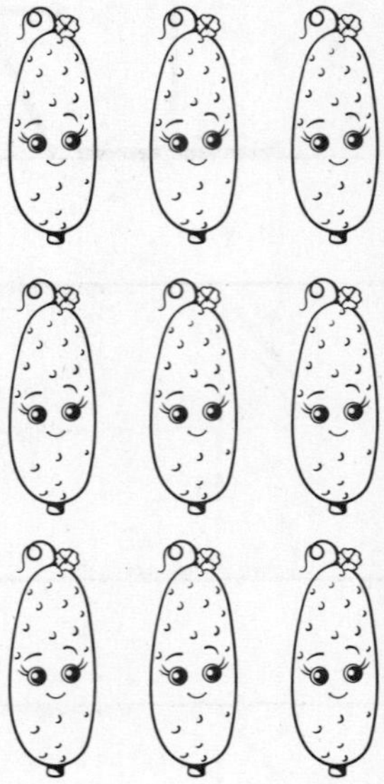

Dezoito pepinos

dezoito - dezoito

dezoito - dezoito

18 - 18 - 18 - 18

18 - 18 - 18 - 18

18 - 18 - 18 - 18

18 - 18 - 18 - 18

SÃO **DEZENOVE** BANANAS. APRENDA A ESCREVER O NUMERAL **19**!

Dezenove bananas

dezenove - dezenove

dezenove - dezenove

19 - 19 - 19 - 19

19 - 19 - 19 - 19

19 - 19 - 19 - 19

19 - 19 - 19 - 19

SÃO VINTE PÉS DE ALFACE. VAMOS APRENDER A ESCREVER O NUMERAL 20!

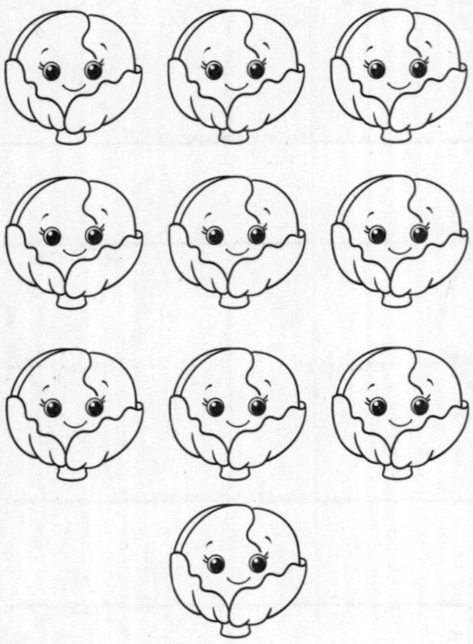

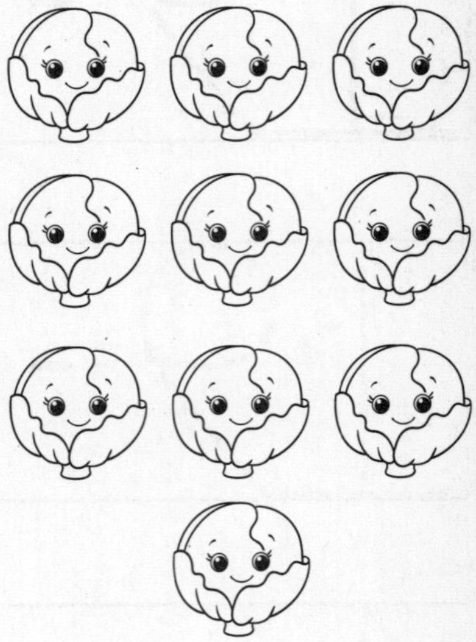

Vinte pés de alface

vinte - vinte - vinte

vinte - vinte - vinte

20 - 20 - 20

20 - 20 - 20

20 - 20 - 20

20 - 20 - 20

LIGUE OS PONTOS NA ORDEM PARA COMPLETAR A FIGURA DO CACHORRINHO.

COMPLETE A SEQUÊNCIA COM OS NUMERAIS QUE ESTÃO FALTANDO.

LEVE O MACACO ATÉ O PASSARINHO, PINTANDO OS BALÕES NA SEQUÊNCIA DE 1 A 20.

LIGUE OS CONJUNTOS ÀS QUANTIDADES CORRESPONDENTES.

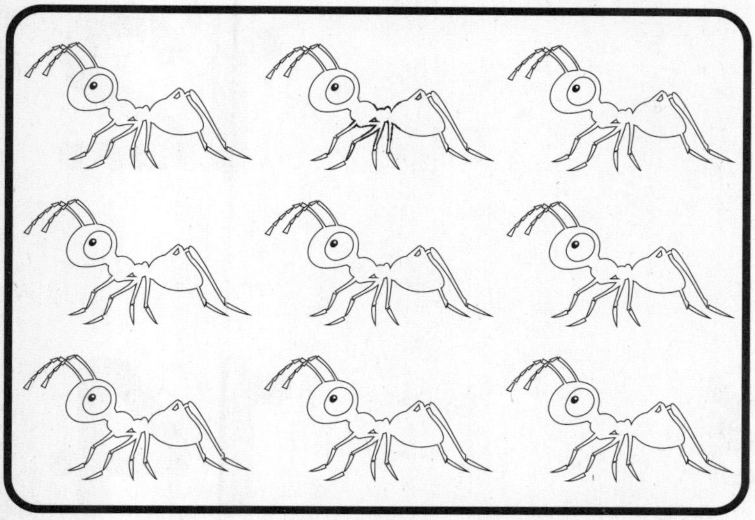

18

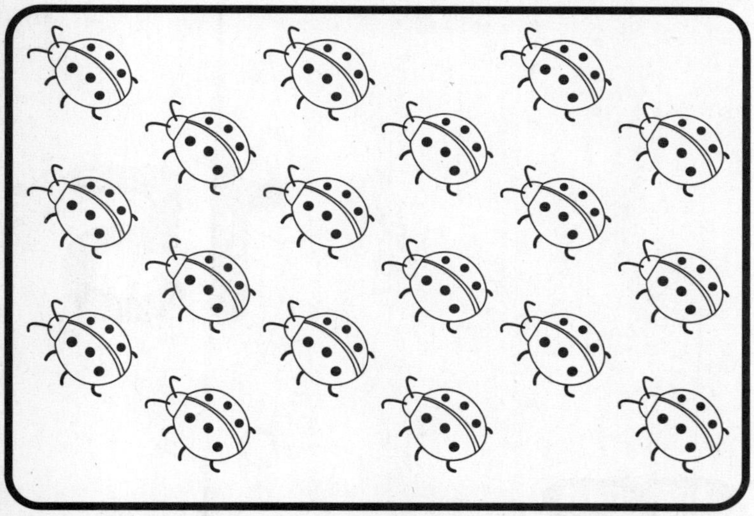

12

9

LIGUE OS NÚMEROS ÀS SUAS REPRESENTAÇÕES ESCRITAS.

ONZE	12
DOZE	14
TREZE	15
QUATORZE	11
QUINZE	13

DESCUBRA QUANTOS CENTÍMETROS CADA LÁPIS MEDE, DEPOIS, ESCREVA AS RESPOSTAS NAS LINHAS ABAIXO.

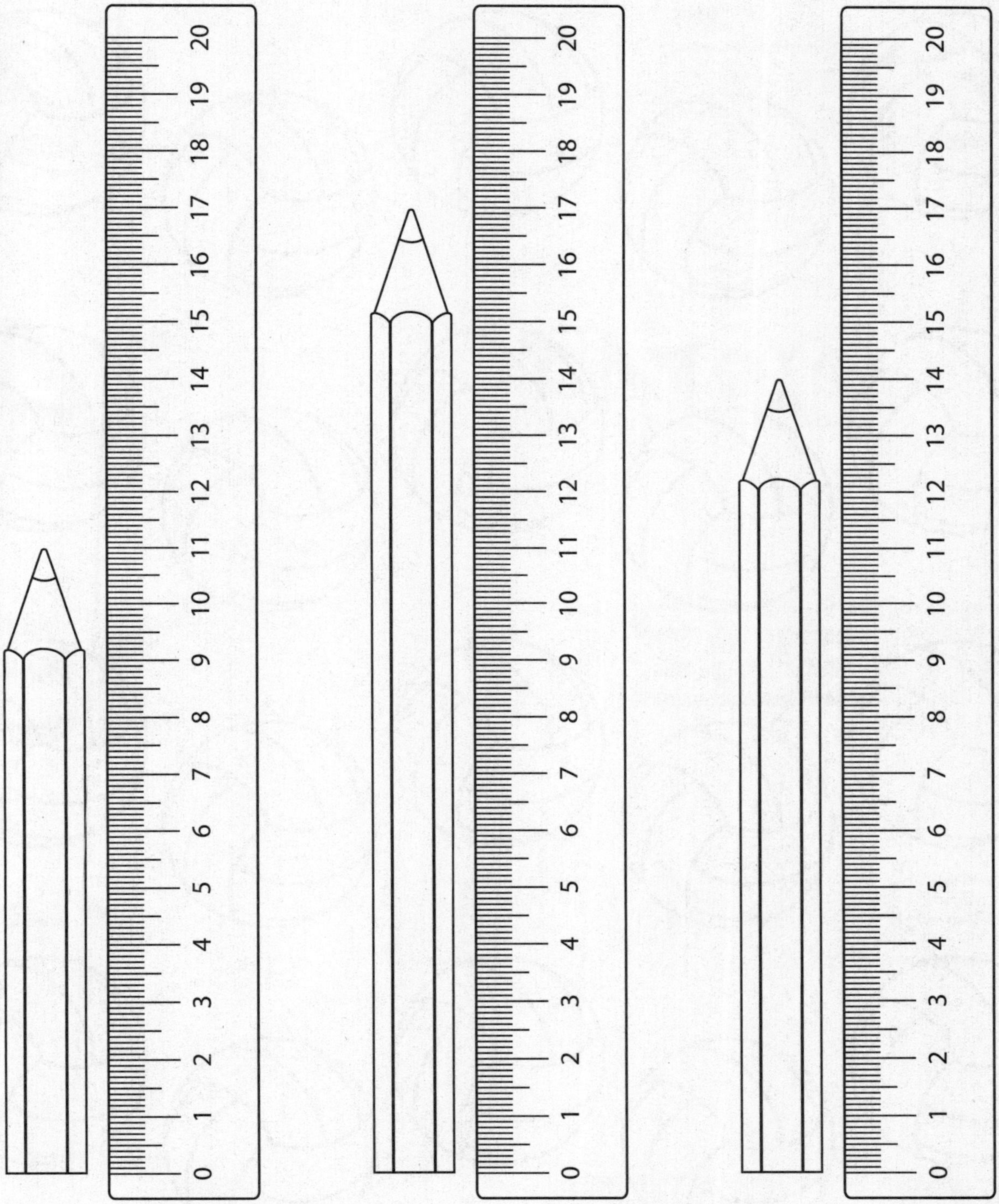

RESPOSTA

RESPOSTA

RESPOSTA

PINTE O TOTAL DE ONZE BOLAS.

COMPLETE A SEQUÊNCIA NUMÉRICA QUE APARECE NAS FIGURAS ABAIXO.

LIGUE AS CONTINHAS AOS RESULTADOS CORRESPONDENTES.

13+7	18
12+4	19
15+3	20
18+1	16

LIGUE AS CONTINHAS AOS RESULTADOS CORRESPONDENTES.

19-11	10
18-12	5
15-10	8
17-7	6

MONTE AS CONTINHAS AQUI!

QUANTOS DE CADA ITEM EM DESTAQUE VOCÊ VÊ NESTA CENA?

LIGUE OS CONJUNTOS QUE POSSUEM AS MESMAS QUANTIDADES.

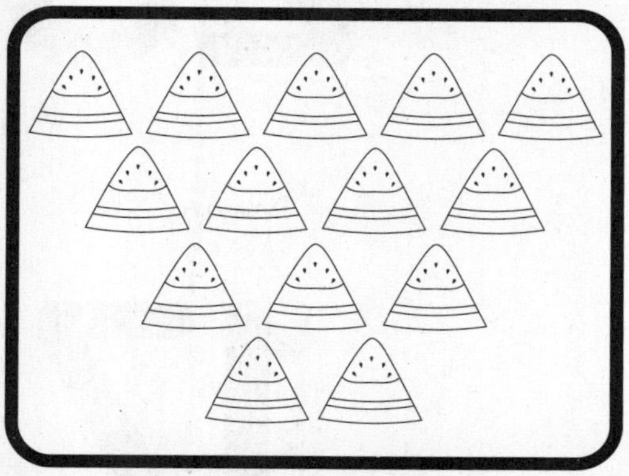

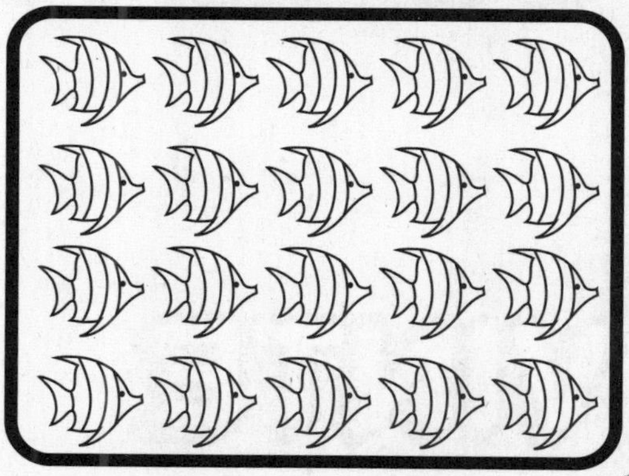

LIGUE OS NÚMEROS AOS SEUS NOMES CORRESPONDENTES.

DEZESSEIS	19
DEZESSETE	16
DEZOITO	20
DEZENOVE	17
VINTE	18

OBSERVE CADA CONJUNTO E ORDENE OS NÚMEROS EM ORDEM CRESCENTE.

10	20	6	14	11					
19	11	14	8	17					
18	5	20	16	12					
18	12	15	7	3					
17	13	1	9	15					

DIPLOMA

MUITO BEM! VOCÊ CONCLUIU ESTA CARTILHA
E JÁ CONHECE AS QUANTIDADES E OS NÚMEROS
DE 0 A 20. PARABÉNS!

SEU NOME

____

_____/_____/________ ________________________

DATA **ASSINATURA**